**Jesus restaura
mas fuerte que tu pasado**

Emilia Casillas

JESUS RESTAURA MAS FUERTE QUE TU PASADO

Serie # 1

XULON PRESS

Xulon Press
2301 Lucien Way #415
Maitland, FL 32751
407.339.4217
www.xulonpress.com

© 2019 por Emilia Casillas

Todos los derechos reservados exclusivamente por el autor. El autor garantiza que todos los contenidos son originales y no infringen los derechos legales de cualquier otra persona o trabajo. Ninguna parte de este libro puede ser reproducida en cualquier forma sin el permiso del autor. Las opiniones expresadas en este libro no son necesariamente las del editor.

Salvo indicación en contrario, Al menos que se indique lo contrario, citas bíblicas son tomadas de la Nueva Versión Internacional de la Biblia, © 1999, 2015 por Biblica, Inc.®

Impreso en los Estados Unidos de América.

ISBN-13: 978-1-54566-048-5

Índice

Capítulo 1: La restauración de Jesús
            es más fuerte que tu pasado 1

Capítulo 2: No Estás Solo. 5

Capítulo 3: Enfrentando a los temores en la
            manera de Dios 9

Capítulo 4: La clave del perdón 13

Capítulo 5: Tu puerta hacia la restauración 19

Capítulo 6: Jesús es el león en ti. 21

Sobre el autor 25

Capítulo 1

La restauración de Jesús es más fuerte que tu pasado

Se supone que nuestras mentes son el núcleo de todo pensamiento. Puede ser fundada en buenas memorias o en experiencias horríficas del pasado. Yo anhelaba un borrador que podía remover todo mi pasado instantáneamente, pero algo dentro de mí sabía que tendría que perseguir más al fondo. Yo tenía que buscarle a mi Creador. Si Él me creyó, Él me podía arreglar.

La mayoría de los niños forman relaciones saludables con sus abuelos. Quizás ellos los llevan a sus nietos a comprar helado o los enseñan como volar a una cometa. Pero la vida no es igual para todos. Para algunos, la vida sigue otro rumbo.

Mi vida comenzó en el carril equivocado, porque mi niñez fue interrumpida por mi abuelo. El abuso sexual empezó cuando tenía cinco años. Él me hizo jurar que no se lo diría a nadie, incluso a mis padres.

Desarrollé una hipersensibilidad. Algunos sonidos parecían ser más fuertes que lo normal, y pasaba lo mismo con el olfato y la vista. Recuerdo que mis maestros en la escuela me etiquetaban como lenta para aprender. Me destrozó el conocimiento que mis maestros me veían así. Empecé a creer que algo en mí estaba mal, porque siempre era la última en acabar cualquier tarea.

Comencé a pasar más tiempo hablando con mi Amigo omnipresente; su nombre era Jesucristo. En el libro de Deuteronomio, nuestro Padre Celestial nos habla acerca de la restauración. Dios puede restaurar a quien sea y Él tendrá compasión de ti. Él regresará y recogerá todas tus piezas que se han esparcido.

Esta escritura es una que ministra profundamente a mi corazón. Oro que impacte también a tu alma y que traiga esperanza y gozo a tu corazón. Dios es capaz de restaurar tu mente. Amado, no es ninguna coincidencia que está leyendo este libro. Yo creo que el Espíritu Santo te iluminó para que leyeras este libro. Si te sientes atrapado en un pasado del abuso sexual, este libro es para ti. Dios quiere darte un nuevo comienzo.

Mi oración para ti es que creas que Dios tiene las habilidades sobrenaturales para restaurar tu manera de pensar y de sanar tus emociones. Yo hablo a cualquier espíritu de oscuridad que viene en contra de tu vida. En el nombre de Jesús, que ya no tenga el poder de manifestarse en el temor, la confusión o los sentimientos de derrota en la mente. A cualquier espíritu perverso que salga del cuerpo, ya no hay lugar para ti. La sangre del Cordero sacrificado te lava del pasado. Amado, creo que estás liberado del pasado. También creo que el Espíritu de Dios está obrando en ti.

Permite que la verdad de Dios se funda en tu mente. Amado, sin el aliento de Dios, es imposible que la restauración complete su papel en la vida cristiana. El Señor quiere ayudarte. Empieza a creer y di, "Soy más fuerte en Jesucristo, quien me hace más fuerte que mi pasado."

Medita en tu restauración día y noche. Amado, si puedes imaginarte mentalmente sano, eventualmente se aparecerá en su vida. Solo sigue creyendo, pase lo que pase. Jesús ha sido mi primera inspiración para escribirles de su amor incondicional e inteligencia sobrenatural. Quizás ahora te sientes irreparable, pero nada es imposible para el Creador del universo.

En Génesis, Jesús nos recuerda que Dios es el Creador de todas las cosas. Amado, Dios creó el manual del cuerpo y el alma humano. El enemigo no quiere que sepas la verdad, porque con la verdad borrarás tus memorias del pasado con las palabras de Dios. Satanás ya no podrá atormentar tus pensamientos. Es por decir, borrarás los datos de Satanás. Recuérdale a Satanás que este pasado ya no es tuyo. ¡Yo creo que estás siendo restaurado por la preciosa sangre del Cordero! Elige creer que Jesús es tu restauración. Declara, "No tengo nada que temer." Isaías 41:10. ¡No temas! ¡No hay nada que temer! Dios lo cambiará todo.

La restauración viene en camino; sólo espéralo. Empieza desde tus cédulas interiores desde tu cabeza (la mente) hasta las plantas de tus pies. Donde sea que vayas, la sanidad te hallará, en el poderoso nombre de Jesús.

Capítulo 2

No Estás Solo

Niño precioso y amado, ¿te sientes solo? Quizás enfrentas ciertos temores que te impiden alcanzar a toda tu potencial. Yo lidiaba con un montón de temores y ansiedades sociales and me guiaron a la gente equivocada. Como resultado, acabé con más problemas emocionales.

Yo buscaba una solución fuera de lo común sin ningún mapa para guiarme. Es decir, yo tenía una relación con Cristo, pero no tenía una fundación sólida en que basarme. Año tras año, mantuve mi hermosa relación con mi mejor amigo omnipresente, Jesús, pero aún así algo me faltaba.

El Señor mandaba discípulos de Cristo a mi camino, pero como un sabelotodo decía, "No, gracias. Esto no es para mí." Amado, Dios intentaba alcanzarme, pero yo lo rechacé. Tenía las consecuencias de mis acciones amontonándose como ropa sucia. Déjame agregar para el récord que esta ropa sucia empezó a apestar tanto que me daba asco a mi misma. Yo tenía que detenerlo todo por rendir mi vida a Jesucristo por completo. Amado, el pecado huele a cadáver muerto. Si alguna vez has asistido a un velorio con el ataúd abierto, sabes a que huele el pecado.

La Biblia nos dice claramente que el ladrón viene solamente para robar, para matar y para destruir; pero Jesús dijo, "Yo he venido para que tengan vida, y la tenga en abundancia" (Juan 10:10).

"Si confiesas con tu boca que Jesús es el Señor y crees en tu corazón que Dios lo levantó de entre los muertos, serás salvo" (Romanos 10:9).

El dos de enero de dos mil tres, al fin le di mi corazón al Señor. Yo sabía que no sería una resolución del Año Nuevo, sino una revolución para actualizar.

Amado, ¿y qué de ti? Siento que el Señor está preguntando, "¿Realmente deseas sanarte? Entonces solo te pido una cosa. Después de todo, todo me pertenece; soy tu Creador." La Biblia nos dice que nunca podemos pagarle a Dios por todo lo que Él ha hecho por nosotros. Recuerda que Él mandó a su único Hijo para morir en vergüenza, ser clavado en la cruz y derramar su preciosa sangre para que nosotros pudiéramos estar libres de la maldición del pecado.

Te animo: ores que Dios te guíe a una iglesia bíblica llena del Espíritu Santo. Amado, no te detengas aún. Pide a uno de los miembros de la iglesia que ore contigo. Cuando cambias tu corazón para el de Dios, amado, comenzarás a volar en lugares que nunca imaginabas.

Él está buscando a su novia. Casarte con Jesús es la emoción más fuerte en esta vida, y te prepara para la vida eterna. Te reto a probarle. Dios no es un hombre para que mienta. Lo que escribió en las Sagradas Escrituras es verdad. Si lo crees, obrará por ti. Pero si no, entonces no.

La primera vez que oí esta estrofa de Kenneth Copeland, me sacudió de mis dudas. "Creamos juntos. No te costará ni un cinco. Recuerda que Dios pagó todo para ti y para mí para que pudiéramos estar libres de toda la vergüenza del pasado. Si puedes creer, puedes recibir."

Buenas noches.

Capítulo 3

Enfrentando a los temores en la manera de Dios

Amado hijo del Altísimo Rey. Yo vi una enseñanza de Joyce Meyer acerca de controlar a tus temores. Ella dijo que si le tienes miedo a algo, hazlo aún así. Es decir, enfrenta a tus temores. Lo único que podía pensar era, "Guau." Luego agregó que no dejes que tus temores te manden. Pablo el apóstol escribió una segunda carta a Timoteo, un joven pastor con poca experiencia. En esta carta, Pablo anima al joven pastor con textos bíblicos. 2 Timoteo 1:7, "Pues Dios no nos ha dado un espíritu de timidez, sino de poder, de amor y de dominio propio."

Amado, yo recuerdo cuando oí la noticia que mi abuelo había sufrido un infarto severo y que el lado izquierdo de su cuerpo estaba paralizado. Mi abuela mostraba señales de Alzhéimer y los doctores recomendaban un sanatorio o algún familiar que estaba dispuesto a aceptar el papel de cuidador.

Cuando mi padre llegó del trabajo esta noche, mi madre le pidió si mis abuelos podían venir a vivir con nosotros. Mi madre era ama de casa y fácilmente podía encontrar el tiempo de cuidar de sus padres. Yo recuerdo, al oír estas noticias, era como si me cubriera una nube del terror. Empecé a temblar descontroladamente. Huí a mi cuarto, hinqué y empecé a clamar al Señor como jamás lo había hecho. Yo no tenía idea de cómo operar en el espíritu, pero la misericordia de Dios estaba sobre mí. Yo recuerdo que sentía convicción. Oré al Señor, "Gracias que me protegerás de más abuso. Si llega alguna tentación, dame una salida."

De acuerdo con 1 Corintios 10:13, amado, Dios siempre escucha la oración de Sus hijos y Él es fiel. Esto me recuerda a Salmos 34:17, "Los justos claman, y el Señor los oye; los libra de todas sus angustias." Salmos 23:3, "Me infunde nuevas fuerzas." Tu alma está formada de tu mente, tu voluntad y tus emociones. Amado, si tú puedes memorizar este texto sencillo y declararlo cada día, te digo por experiencia que la Palabra de Dios es poderosa. Declárala en voz alta, aún si sientes que es tonto; solo hazlo. Le pondrá nervioso a Satanás.

Como dijo Joyce Meyer, no dejes que tus emociones voten. Amado, Dios quiere darte una perla. La Palabra de Dios es más cortante que cualquier espada de dos filos. Penetra hasta el corazón más frío, humilla al orgulloso y levanta a los débiles. Porque cuando tú estás débil, es cuando Él es más fuerte.

Precioso, Dios está de tu lado. Él quiere darte perlas a cambio de todo tu dolor y heridas del pasado. En Mateo 7:6, Jesús habla con los discípulos. Él les pidió que no malgastaran su tiempo con personas que no querían oír ni recibir de las bendiciones de Dios. Jesús dijo, "No den lo sagrado a los perros, no sea que se vuelvan contra ustedes y los despedacen; ni echen sus perlas a los cerdos, no sea que las pisoteen." Yo creo que Jesús está diciendo que los que tienen oído oyen lo que el Espíritu dice.

Amado, extiende tus manos a Dios en un acta de fe para recibir tu restauración porque a Él le importas y siempre te amará más que cualquier otra persona en este mundo. Las perlas representan la sabiduría de Dios. Si nunca has tenido perlas, extiende tu mano porque Dios quiere darte de las perlas más finas. ¡Disfruta de la bondad de Dios!

Capítulo 4

La clave del perdón

Nunca lograrás a comprender la magnitud del amor de Dios para nosotros. Antes, yo pensaba que si hacía algo mal Dios batallaría en perdonarme. Precioso, hay una buena noticia: nunca podemos acabar con Su amor. Es más profundo que el océano, más ancho que el universo. Es decir, Su amor para con nosotros es infinito. Busqué la definición de la palabra "infinito" y esto es lo que encontré: sin límite, sin fin, imposible de medir o calcular. Nuestras mentes humanas jamás podrían medir Su carácter sobrenatural porque ¡Él es increíble! Pero yo creo fuertemente que nuestra parte de la tarea de esta vida no es comprenderle a Dios, sino de confiar en Él, y pasar tiempo con Él a diario para poder conocerlo. Esto no es solamente emocionante, pero es increíble para nosotros quienes deseamos caminar en Su plan, y queremos la verdad a cambio de nuestras mentiras. Y yo pienso que es algo increíble, pero requiere el perdón.

Jesus restaura mas fuerte que tu pasado

Una tarde después de las clases llegué a la casa y pregunté a mi madre dónde estaban mis abuelos. Normalmente se sentaban afuera para ver los carros que pasaban. Ella empezó a llorar; alguien le había roto el corazón. Mi tío vino para recogerlos a mis abuelos. Salió que mi abuelo había fabricado una historia. *El enemigo lo usó de nuevo,* era todo lo que podía pensar. Pero aún elegí mantener el abuso sexual en secreto. Había una parte que me decía, *este es tu oportunidad. Véngate por lo que él te hizo. Después de todo, lo que te dijo a ti y a tu familia era toda una mentira.* Pero elegí hincarme y pedirle al Señor que perdonara a mi abuelo por todo el dolor que había causado. Sí, le pedí al Señor que mostrara Su luz para que, tarde o temprano, la verdad de lo que mi abuelo había fabricado saldría. Una parte de mí estaba muy lastimada por su traición, pero por el otro lado era la mejor noticia que había recibido en mucho tiempo. De hecho era un alivio. Le di gracias al buen Señor que lo haya quitado de mi vista.

También oré el Padre Nuestro que había memorizado en la clase del catecismo. Se encuentra en Mateo 6.

> Padre nuestro que estás en el cielo, santificado sea tu nombre, venga tu reino, hágase tu voluntad en la tierra como en el cielo. Danos hoy nuestro pan cotidiano [lo que necesites este día, el Señor lo proveerá]. Perdónanos nuestras

La clave del perdón

deudas, como también nosotros hemos perdonado [la palabra clave es *perdón*] a nuestros deudores.

Y no nos dejes caer en tentación [pedimos una doble porción de Su gracia para pelear contra los dardos del enemigo], sino líbranos del maligno [porque no peleamos contra carne y hueso, sino en contra de principalidades malignas]. Amén.

Hazte cuenta que parafraseé un poco para darte un mejor entendimiento.

El tiempo que paso con el Señor jamás es malgastado. Al fin de mis oraciones tenía paz y una bendita seguridad que mi Dios iba a resolver todo para mí. Esté contento, porque Él hará lo mismo por ti. Así que no te rindas la esperanza. ¡Jamás te rindas!

Pasaron unos años y no hubo ninguna comunicación entre mi madre y sus padres. Mi madre esperaba y oraba que tendría algún tipo de resolución, pero cada vez mi abuelo rechazaba su llamada. Amado, tenemos el poder de escoger si estaremos amargos o perdonaremos.

Yo puedo recordar que Dios usó mi hermana mayor para compartir mi secreto más guardado que jamás había contado. La pedí que guardara mi secreto porque ella me hizo jurar que no le diría su secreto a mis padres. Pero la oscuridad siempre sale a la luz. Era un Capítulo tan devastador en mi vida. Justo cuando pensé que podía olvidarlo, las cosas empeoraron. Yo estaba expuesta y no se sentía bien. El enemigo estaba jugando conmigo.

Mi madre le habló a mi abuelo para confrontarlo una vez por todas. Él contestó la llamada y lo negó todo. Unos tíos me estaban atacando. Yo no entendía como algunos de sus hijos adultos estaban de su lado. También fui bombardeado de especulaciones, suposiciones y presunciones. Lo único que podía pensar era, "Dios, esto no es justo." Solo quería esconderme debajo de una roca. Le doy gracias a Dios para mis padres, quienes me apoyaron mucho. Pero yo sentía más vergüenza y culpa que nunca. ¿Por qué, Dios? ¿Por qué? ¿Por qué dejarías que todas estas cosas pasaran a mí y a mi familia?

Amado, el núcleo del tema es que quizás nunca entendamos todo. Pero si eliges tomar la llave del perdón, en fin serás más fuerte y conquistarás la restauración. Amado, declara en voz alta conmigo que "Yo elijo perdonar [los nombres de las personas] y elijo perdonarme a mí mismo. Yo quiero ser libre del mi pasado. Gracias, Jesús, por amarme. En el poderoso nombre de Jesús. Amén."

Efesios 1:6-10 dice que el perdón es la voluntad de Dios. ¡Gloria a Dios! También, el apóstol Pablo nos explica que no peleamos en contra de carne y hueso, sino contra principalidades malignas halladas en Efesios 6:12, "Porque nuestra lucha no es contra seres humanos, sino contra poderes, contra autoridades, contra potestades que dominan este mundo de tinieblas, contra fuerzas espirituales malignas en las regiones celestiales."

Amado, espero que esta información valiosa fortalezca tu espíritu para entender porque la gente hace cosas malas. No es que justifica a las debilidades de una persona, para nada. Todos responderemos por lo que hacemos. Todo se reduce a Juan 16:1, "Todo esto les he dicho para que no flaquee su fe." Juan 16:3, "Actuarán de este modo porque no nos han conocido ni al Padre ni a mí [Jesús]." Satanás te odia a ti y a mí y jamás será tu amigo. Él quiere verte muerto, espiritualmente y físicamente. Al contrario, Jesús te necesita con vida, espiritualmente y físicamente. Él está de tu lado. Jesús te ama.

Capítulo 5

Tu puerta hacia la restauración

Precioso, yo creo que Dios tiene una clave para cada necesidad en tu vida. Nuestro Padre Celestial es tan increíble que Él tiene regalos esperándote. En el momento indicado, Él te los entregará. Confíame cuando digo que una vez me dio un regalo de restauración en un sueño. Yo recuerdo que en este sueño podía ver a los doctores y las enfermeras batallando para resucitar el corazón de un hombre. Era un sueño vívido que quería ver quién era y empecé a llorar. De repente una voz me habló y dijo, "Es tu abuelo. Su corazón se detuvo. Él necesita de tu perdón. ¿Puedes perdonarlo? Tu respuesta determina su lugar en la eternidad."

Inmediatamente dije, "Sí, Señor. Ten misericordia. Yo lo perdono."

Luego, el sonido de la voz de una alta autoridad me dijo, "Muy bien. Él está perdonado y lo recibiré a Mi reino celestial." Yo estaba llorando tan fuertemente en mi sueño que me desperté. Me sorprendió cuando vi a mi madre llorando. La pregunté qué pasó. Ella recibió una llamada con malas noticias. Encontraron a su padre, muerto en el piso de baño. Se murió de la vejez; es decir, se detuvo su corazón. Mi madre no solamente estaba triste por la muerte de su padre, pero estaba preocupada por su vida eterna. Ella me dijo, "Hija, no espero que tengas simpatía de mi pérdida, pero necesito un abrazo porque era mi padre. Solo espero que Dios los perdonó." La miré a los dulces ojos y la abracé con una sonrisa. Confirmé el sueño que apenas había soñado.

Hermosa princesa de Dios, nosotros nunca debemos juzgar quien va al cielo y quien va al infierno. Nuestro Padre Celestial pide que perdonemos a cada uno sin medida. Deja que Él luche por ti; con todo respeto sugiero que hagas lo mismo.

Cuando permitimos que Él luche por nosotros, Él llegará y también lucirá como jamás lo has visto. No te traerá solamente el gozo, pero también la restauración que has pedido en oración. A Dios sea la gloria y el poder hoy y por siempre. Amén.

Capítulo 6

Jesús es el león en ti

Como niña, siempre me atraían los leones. Una navidad mi papá estaba batallando para pagar las facturas debido a un despido en su trabajo. Alguien le dio una bonita invitación navideña al Ejército de Salvación más cercano. Mi padre no era uno que recibía cosas usadas. Él tenía un espíritu generoso y le gustaba más regalar que recibir. Pero la persona que le dio la invitación le aseguró a mi padre que también puede ser una bendición recibir. Entonces nos alistamos que nos pusimos en la fila. Era una mañana muy fría, pero logramos mantenernos en la fila. Cuando finalmente entramos al edificio, lo primero que vi era un león. Era duro y viejo, pero hermoso. Era un peluche. Corrí hacia él y lo abracé fuertemente. Era mucho más alto que yo, pero era mío. Había un señor parado a un lado de los juguetes. Dijo, "Pueden elegir hasta tres juguetes." Mis hermanos corrieron hacia las bicicletas y las muñecas. Luego el hombre me vio y dijo, "Querida, ¿sabes del León de Judá?" Lo miré, confundida, y sacudí la cabeza para decir que no, y luego sí, y luego salí corriendo con el león.

Cuando yo veía leones de niña, me hablaban de muchas cosas como la majestad, la realeza, la hermosura, la humildad y el poder. De hecho, ahora que soy una cristiana madura, tiene hasta un significado más profundo en mi vida. En el libro de Apocalipsis, Jesús es el León de la tribu de Judá. Jesús se demuestra tan feroz como un león, pero humilde como un gatito.

Amado, esta es la vida de un cristiano. Nosotros podemos irnos a nuestro cuarto de oración con nuestro mejor Amigo omnipresente. Él nos mostrará como pelear en el Espíritu como un león. Quizás parezcas un lindo gatito, pero en la hora de la necesidad te levantarás como un león – el León de Judá. ¿No es emocionante? También creo que Dios quiere que yo comparta contigo que no eres la cola, sino la cabeza de tus circunstancias. Tú no tienes que sentirte como una víctima ya más. Eres victorioso, más que conquistador en Su Espíritu. Tu pasado no define quien Dios te ha llamado a ser. Sí, hemos sido abusados y humillados – mentalmente, emocionalmente, y hasta físicamente. Pero no tienes que sentirte como una víctima ya más.

Recuerda que eres victorioso, más que un conquistador en Su Espíritu. 2 Corintios 4:8, "Nos vemos atribulados en todo, pero no abatidos; perplejos, pero no desesperados." Amado, suéltalo y deja que Dios se encargue. Tu trabajo es creer que Él es capaz de hacerte la cabeza y no la cola. Yo puedo recordar sentirme atrapado con todo el abuso sexual y la intimidación. El Espíritu Santo me reveló que la razón por la cual yo sentía atribulada en todo era porque me portaba como la cola. En la ley de la atracción, la teoría se basa en que atraes lo que percibes, como un imán. Es decir, la gente me veía como la cola. Yo tenía sentimientos de derrota y bajo auto-estima. Sin querer, yo atraía esta mala energía. Dice en Proverbios 23 que un hombre es como piensa en un corazón. Espero que todo haga sentido. El Espíritu Santo halló la raíz de mis problemas y me sanó. Amado, conoce tu debilidad; Satanás la conoce. Todavía hay poder en el nombre de Jesús.

Bendiciones.

Sobre el autor

La autora Emilia Casillas asiste a la Cause Church en Brea, California, albergada por los pastores Bob y Sherry Reeves. Ella trabaja como terapista de masaje en la ciudad de Whittier.

www.ingramcontent.com/pod-product-compliance
Ingram Content Group UK Ltd.
Pitfield, Milton Keynes, MK11 3LW, UK
UKHW022208230426
12048UKWH00016BA/724